창조문학대표시인선 · 218

외로운 뻐꾹새

박성대 시집

창조문학사

□ 시인의 말

시를 쓰는 삶의 가치를 찾아가면서
자연을 벗하며 허기를 채울 수 있는
시를 쓰겠습니다.

무덥던 날
서늘한 그늘에서
종일토록 노래하는 매미처럼

언제나 시를 떠나지 않고
항상 오늘 같은 마음으로
살아가겠습니다.

2013년 7월
영덕에서 장포匠佈

차 례

1부

2부

1부

어머니의 품속

풀냄새 물씬 나는 곳
외로움에 서성이다
끝없는 숲속으로 빨려든다.

모든 과거가
그 자리에 머무는
어린 시절의 그 곳

잠자는
나무들은 기지개 펴고
나란히 서서
바람결에 춤을 추기도 한다.

그곳에 오면
고달프고 힘들었던
일들이 안개 되어
아픈 상처를 감싸준다

마치 어머니의 품속처럼.

내 고향 강변

흰 구름 흘러가는 하늘
한없이 파란 물빛으로
높아만 가고

풍요롭게 펼쳐지는
메밀꽃 사이로
잠자리 떼 노닐고
저녁놀은 하루를 삼킨다.

코스모스 흐드러지게
웃는 모습에 벼 이삭도
햇살에 영글고
풍성한 결실의 바람은
산으로 강으로 바다로 휘돌아 간다.

푸른 잎사귀들도
계절 앞에 붉은 옷으로
갈아입고 멀리서 들려오는
아스라한 추억들도

홀로 걷는 내 고향 강변
새로이 태어난 메밀꽃 공원에
가을이 무르익어 간다.

가을 저녁

햇살이 창가에 졸고
낙엽 떨어지는 소리에
놀란 소슬 바람도
추억으로 헤맨다.

욕망과 허상이 떠오르면
허수아비를 뒤집어 쓴 것처럼 마음만
끝나버린 인연을 부여안고
바람결에 흩날리는 낙엽처럼
쓸쓸히 가을이 익어간다.

화려하게 수놓은 단풍잎들도 흩날리다
땅거미가 느릿느릿 하루해를 뒤덮을 때면
그날을 위해
오늘 하루도 즐거운 미소를 띠운다.

팔월의 합창

달아오른 한낮의 숲속은
팔월의 합창이 시작되니
뜨거운 열기에 몸서리친 떡갈나무 잎들도
고개 떨궈 버리고

뙤약볕 아래 매미소리
온 산야에 메아리 칠 때
어색한 숲속의 버섯도
제 얼굴을 내민다.

산바람 부드럽게 불어오면
풀잎들은 제 몸을 흔들며
아름다운 그리움에
뜨거운 심장으로 흐른다.

단풍 물드는 가을

그렇게 요동치던 비바람이
온 산천에 단풍을 피워놓고
밤새도록 가을밤을 불태우더니
참나무에 앉은 비둘기 한 쌍
저 산 너머 날아가 버린 후

사랑을 노래하면
내 님이 돌아오려나
오색단풍 물들 때
어여쁜 융단 깔아놓고
내 님 마중 가련다.

시골 찻집

외진골짜기 허브찻집
소낙비를 피해 찾아 온 길손 따뜻한 찻잔을 들고
오랫동안 못 본 사람처럼 하염없이 주고받는 대화에
사랑의 향기를 피워주네.

옷자락에 묻어오는 저녁노을이
그의 등을 밀어내며 떠날 준비를 서두를 때
해를 잡고 싶은 마음 애써 감추려 해도
해거름은 애처롭게 눈물을 감추네.

다시 이 길을 지나거든
들려주길 약속하며 끈끈한 인연 부여잡고
뒷모습이 살아질 때까지
그 자리에 떠날 줄 모르네.

비둘기 사랑

떡잎이 흔들리고
비탈진 계곡 넘어
비둘기 한 쌍 사랑을 나눌 때

매미 한 마리 심술부리고
꾀꼬리 울음소리 장단을 맞추니
살찐 참나무 잎들은 바람결에 흔들거리며

여유롭게 넘나드는 뭉게구름
높은 산자락을 오르내리며
비둘기 사랑을 부러워하네.

도라지 꽃

장마 비 오락가락 하는 날
살며시 포개며 망울지는 보랏꽃
황홀하게 느껴오는 여름향기처럼

기다려도 그대 원망의 눈은 멈출 수 없고
어느 곳에서 사랑의 꽃을 피우는지
울먹이며 기다려지네.

살며시 환상의 소리에
그대 그리워 산골 깊은 곳에 숨어
언제쯤에나 올까 비 맞으며 걷고 있네.

기억 속에

아름다운 추억들이 가슴에 울렁이듯
마음속에는 살아온 날들이 자꾸만 쌓여온다.

고귀한 연분은 어데 가고
한스러운 가슴에 찬바람만 불어와
흐르는 세월 속에 사모의 정 피어나고

안타까운 세월 뒤로한 채
석양 너머 붙잡을 수 없는 세월

해거름 속으로 사라지는 아쉬움에
생활의 불씨 다하는 날까지
기억조차 담아주지 않으련다.

가을 밤

뭉게구름 흘러가는 청명한 하늘가에
펼쳐진 가을정취 혼자서 즐기기가 아쉬워
엿가락처럼 휘감겨 오는 추억을 더듬으며
앞산으로 올라가니

흔들리는 산들 바람에
잎사귀는 졸고 있고
어느새 깊어가는 가을
하루가 지나간다.

그렇게 흘러가는 세월은 먼 산 아래
그림자처럼 정다운 화음 속으로
고독의 늪을 덮어 버리고
가을밤은 익어만 간다.

그리운 고독 속으로

때론 외로움에 지새우는 밤이면
별들과 속삭이는 오솔길에서
풀벌레 노래하듯 임의 꿈속으로
고독의 마음을 띄워 보련다.

화려했던 날들도
주름살 속으로 끼어들어
흐르는 강물처럼 마음을 나눌 수 있는 연인과
가슴 깊은 곳까지 고독을 함께하는

사랑의 열매를
맺어보련다.

주취

서늘한 가을바람
뭉게구름 지나간 자리마다
가을의 정취가 묻어난다.

약간의 비구름 되어 대지를 적실 때
솔향기 풍겨나는 산자락에
계곡의 물소리 아늑히 들려온다.

풀잎벌레소리 자장가 삼아
꼬물꼬물 거리며 눈뜨지 않는
너구리 팔형제

멀리 벌목꾼 톱 소리에 달아난
어미의 가장자리에 무 주취 한 뿌리
80년생을 버텨온 횡제일 뿐

줄기를 자르니 물이 차 있고
희귀한 물건 내 몸 안에 스며드니
즐거운 하루가 지나간다

들녘의 산들바람처럼.

강아지 효행

새벽안개 산 아래 내려올 때
벌목꾼이 달려온 현장에서
강아지가 재롱을 부린다.

먹던 빵을 던져주니
황급히 물고 달아났다
또 달려든다.

무심코 어느 집을 지나다
메인 어미 앞에 놓인
그 빵 조각들

사람도 아닌 짐승이
부모 챙길 줄 아는 모습에
뭇사람 보다 효행에 감복했던

그 순간들이
오늘따라 사랑의 손길처럼
그리움으로 다가온다.

침묵 속으로

햇살이 대지 위에
즐거운 물결로 일렁거려야
희망의 산울림이 울릴 텐데
그러나 허망의 꿈인 것을

허무한 갯가에
맴돌 듯 바쁜 세상에도
침묵 속으로 희망을 꿈꾼다.

목마른 잎사귀에도
이슬이 내리듯 내 마음 빈곳에
사랑의 불꽃이 지펴져
다시 피어나면 좋으련만

고요의 숲은
먼 산의 노을빛처럼
고적한 마음을 적실뿐이다.

산삼

안개꽃 핀 깊은 산 계곡
물소리 가냘픈 듯
매미소리 울창한 숲을 깨울 쯤

갈 까마귀 잠시 쉬어가고
멧돼지들 숲속마다 떼 지어 다니는 틈새에
천년의 숨결 산삼이 고개를 내민다.

만찬의 메아리가 산을 울리고
유월의 훈풍이 더위를 녹이 듯
하루의 고귀함이 되살아난다.

송전탑

높이 솟아오른 철탑위로
부지런히 날개 짓하는 새들도
거대한 전선줄에 몸서리친다.

고단히 날던 기러기 떼들은
우뚝 선 생명선을 피해 달아나고

위엄어린 산맥조차
뇌세포처럼 늘어진 줄을 헤아리며
여명의 불꽃을 잠재운 채

풀리지 않을 강물로 녹아내려
오늘도 저산마루에 노을빛과 함께
붉게 물들어간다.

봄의 유혹

가뭄 날 비를
봄이 오는 소리가 들린다.

아직도 꽃샘추위인데도
앞마당에 매화는 꽃망울을 터뜨리고

잡히듯 서성이는 계절 앞에
청솔가지는 푸른 봄을 풀어헤친다.

두꺼운 외투를 벗어버리고
야릇한 몸짓으로

낮게 가라앉은 하늘
날리는 꽃바람 속으로 무작정 걷는다.

개구리 울음

동면을 접고 기지개 펴니
수초도 얼굴을 내밀고
생명의 뿌리가 시작되었다.

골짜기에서 들려오는
개구리 울음소리
산바람 타고

봄의 향기는
개구리 울음소리에
봄의 싸리문을 비집고 들어온다.

보름달

감나무 끝에 달빛이 걸려
기와지붕에 스며드니
슬금슬금 문틈으로 들어온다.

새벽녘
중천에 떠올라
서러워 울먹일 때

가슴으로 파고드는
그 흔적 따라
저 멀리 길 떠난다.

달맞이 꽃

밤에 피는 꽃
달빛을 좋아하는 너
내 가슴 녹이는
노란 그 자태

그 이름 달맞이 꽃

달무리 지면
수줍은 듯 불씨 되고
또다시 피어나면
그리움이 몰려와

차가운
님의 마음을
어루만져준다.

늦가을

깊어가는 길목
들판에 황금너울
농부의 소리
한해가 아쉬워 몸부림 쳐올 때
낙엽 지는 소리가 들린다.

노을이 지는 저녁나절
허수아비는 외로움에 지쳐
고추잠자리의 유혹에도
가냘픈 햇살에 졸고 있다.

청명한 하늘가에
바라보는 억새풀
미련도 아쉬움도 모두 날려버리고
가는 세월 부여잡으며
나는 겨울을 기다린다.

가을날

흰 구름 떠가는 하늘은
청명하기 그지없다
나무마다 붉은 열매가 익어가고
붉게 타오르는 햇살도
바람결에 살랑인다.

낙엽 지는 가을날
가슴에 하늘을 안고 싶다

노을이 져도
달려가고 싶은 마음 아직도 푸른데
과일 익어가는 소리에 해거름 안고
산 넘어 날아가는 철새들도
바람 속으로 사라진다.

아늑한 산자락에
시린 한숨 절로 나니
붉은 단풍 더욱 짙게
저만치 가을은 익혀간다.

가을날의 산책

억새와 갈대도 서로의 느낌을
바람결에 벗 삼아 고독 느끼며
저녁노을 속으로 멀어져가고

소나무 틈사이로
새어오는 바람결에
또 다른 세계를 여행하며

물감 같은 단풍잎처럼
향기를 토하고 싶은
아름다운 어느 호숫가에서
마음껏 가을을 외쳐보리라.

설레는 가을날

설레는 마음 달래줄
사람조차 없는 이 가을에
그리움만 피어나니

바람결에 묻어오는
풀내음 같은 그대는 누구일까

길섶 국화는 아침햇살에
봉오리 가득안고 춤추는데
화사하게 펼쳐지는
뭉게구름 여유롭게 흘러가고

하늘가에는
잠자리 떼 날아드니
이 가을의 풍경은
한 폭의 그림 같구나.

억새풀

구비 진 산길을 가노라면
가냘픈 여인의 허리마냥
움직임이 예사롭지 않다.

바람이 불지 않아도
긴 머리 풀어 헤쳐
쓰다듬으며

바람에 장난에도
허연 뿌리를 들어내며
흔들리지 않는 너는

슬픔이 밑바닥처럼
지나가는 흰 구름에 깔려 손짓하며
나 여기에서 그대를 부르고 있다고

달빛

둑에 찬 보름달
감나무 가지에 걸려
한겨울의 외로움을 말해준다.

하얀 눈꽃송이를 피우며 창가에 내려앉아
허허로운 마음을 짓누르며
천리마냥 거닐고 있다.

빈가지에는 달빛이 걸려
북풍한설 자아내는 그 빛 따라
친구 같은 포근한 꿈을 꾼다.

술

경치 좋은 강가에 앉아
세상을 삼키노라니

참나무 그림자 강물에 흔들리고
칠보산에 걸린 해는 눈부셔 또 한잔을 비운다.

단풍잎을 덜어내고
낙엽들이 새까맣게 달려와
물속으로 처박혀

똑바로 서지 못 할
물푸레 층층나무들이 춤추며

비틀 거리며 넘나드는
숲 사이로
지구가 흔들린다.

새벽 비

무슨 서러운 일이기에
그토록 종일 울고 있나

그리움에 대지를 적시고
소나무 사이로 일렁이는 바람소리는
아침을 열고 있는데

온통 대지를 흔들어 대며
쏟아지는 빗방울이
이젠

태양을 기다리는 마음으로
무지개 꽃처럼 피어나니
노을 지는 풍경 속을 어디에다 비하랴

산에는 산새소리
황홀하게 느껴올 때
터질 듯 행복만이 피어난다면

외로운 뻐꾹새

산촌마을
앞산 솔밭사이에
가슴을 풀어헤치고 우는 뻐꾹새가
내 마음을 울릴 때

이름 없는 봄꽃들이
내 얼굴을 만지며
이웃집 담 너머로

사랑의 노래반주가 흐르면
반쪽을 찾아 헤매는
한 마리 새가 되고 싶다.

세월의 소리

낮잠을 자고나니
햇살은 솔향기에 졸고
하늘가에는
봄의 연주가 시작되니

청설모는 나뭇가지를
분주하게 오가고
가랑잎 사이로 작은 숨소리 토하는 비둘기는
제집을 꾸미느라 바삐 움직인다.

노란 생강 꽃봉오리도
하얀 햇살에 녹아내려
세월이 바래다 준
작은 거품이 되어 떨어지고

한길 저 너머로 지나가는 바람소리
오늘하루도 쉼 없이
영혼들 앞에
내 작은 가슴이 출렁이고 있다

이른 아침

곤한 잠에 빠진 나무 끝에
간밤에 내린 이슬이
투명하게 빛나는 아침

바람은 나뭇가지에 앉아 가로수를 흔들고
엎드려 있던 산국화도
성큼 성큼 산 아래에 얼굴 내밀고

숲을 향하여 날아가는 까마귀 떼
속 깊이 어둠에 깃털을 털며
날아들 때쯤

뜰 안 들국화도
누군가 부르는 소리에
창문을 열어 아침을 반긴다.

가을비 속에서

이별이란 말은
추억의 아름다운
아픈 몸부림이다.

산위에 누워 눈 감고
그대 눈망울 그리니
빗소리 따라 떠나고 싶다.

밝은 미소로 답하고
빗방울 소리에 낙엽들이
가슴 위로 몇 번이고 떨어지며

차가운 산바람은 다시
부르고 싶지 않는 그 이름은
가을비 속으로 떠나간다.

소나무 숲

울창한 숲 아름드리 소나무 아래
산바람이 일렁이는 대로
솔잎은 반들반들 빛나고

산새들도 모두 날아와
한낮의 노래 부르는
사이사이

청설모가 춤추는
구부러진 가지마다
햇빛은 영롱히 익어만 간다.

피라미

냇가를 거닐고 있을 때
피라미 때들이 과자 부스러기를 쫓아
서로 다투면서 달려든다.

물아래 퍼덕이는 고기들이
희미한 그림자처럼
흐린 눈으로 스쳐간다.

천연덕스럽게 헤엄치는 그들에게
돌을 던져도 달아났다 다시금 모여드니
그 삶속에서 나를 보듯 하다.

산바람

산꼭대기에 올라
바람 시원히 부는
참나무 그늘아래 앉아
푸른 바닷가를 내려다본다.

바람 한 점 없는 고요한 바닷가
금방이라도 고기떼가 뛰쳐나올 것 같은
뒷산마루 소슬바람에
놀란 듯 날아가는 비둘기 떼

그들이 지나간 자리에
소나무는 중심을 잡고 늠름하게 서 있을 무렵
넘어가는 저녁놀 붉게 타오르며
하루도 산바람과 함께 저 멀리 살아져 간다.

강아지 풀

비를 맞고 바람이 부는 대로 흔들리며
그냥 살아가는 것이 고마워서
아이처럼 천진하게 웃고 있는 강아지풀

그 소리
여름 들판에 넘쳐나
순한 마음 부드럽게 쓰다듬으며

찬바람에 허리가 겪어지면서도
꼬리 흔들며 좋아하는 그 모습이
맑고 순수한 영혼 앞에 착한 마음 뿐

천사처럼 만들어가는
순수한 마음의 세상처럼
참으로 아름답고 눈 부신다.

반달

어두운 밤 골짜기 사이로
한 가닥 한 울림을 남겨두고
사라지는 그 모습

피어오르는 모란같이
얼굴 반쪽을 들어내며
그대 살던 지붕위에 잠시 머뭇거리다가

골목 안쪽까지 내려온 그림자
새벽 별빛에 서성이다
먼동이 트는 새벽녘에야 떠나간다.

미운사람

죽었다 살아나도
그냥 미운 눈으로 대하지마라
바람처럼 우연히 만나
아무 미련 없이 사랑도 하지마라

즐겁고 아름다운 순간들도 있었다마는
싸늘한 달빛아래 박꽃처럼
가슴 아픈 사랑에 몸부림 쳤지만
혼자 가슴 태우며 지낸 밤이 그 몇 해인가

봄날 같은 첫 만남은 어디가고
사랑이 미움 되고 그리움이 증오되어
얼음장 같은 싸늘한 모습으로
살아 온지 또 몇 해인가

아침 햇살에 젖은 솜사탕 같은 사랑이라도
가을바람에 날려 보내고
그리움도 미움도 없는 세상에서
우리 웃으면서 만나리라.

나그네 인생

지치고 지친 영혼이 퇴색되고
고독의 늪에서 허덕이다
외로움에 지친 연민의 갈등 느껴보지만
되돌아보면 그리운 인연

그대여 소중한 인연을 버리고
어디서 헤매고 다니는지
풀잎에 영롱한 이슬처럼
고운 자태는 어디가고

생명이 용솟음치듯 미움만 피어나는 그대여
아지랑이 피는 언덕에서 웃음으로 머물다가
허무한 추억 속으로
한없이 달려간다네.

봄이 오는 소리

대지위로 알알이 튀어
움트는 뿌리 끝에 환호하는
물줄기 가로지르는 생명의 용솟음이
일시에 분발하여 봄 기둥이 솟아올라

산골짜기 마다
불어오는 미풍에
생명의 영혼은
온몸으로 녹아버리고

움츠렸던 얼굴마다
안개꽃처럼 사라지니
언 가슴 꽃잎처럼
입김으로 다가와

향기롭게 피어나는
봄기운을 마음껏 마시다
내 가슴에도 사랑의 새싹을
맘껏 움틔워 보련다.

숲속의 자리

숲속에 들어와도 낯설지 않는 그림자들
나무와 숲은 한 몸인 듯 서로가 원망하지 않고
정겹게 바라보며 이야기를 나누기도 한다.

산에 오르다 보면
잔가지 등줄기 타고
봄의 숨결이 사뿐히 들릴 듯 하고

먹구름 머물다 간 빈자리에
숲은 생명이 용솟음치듯
안개 속으로 불끈 솟아오른다.

엉겅퀴

잊으려고 노력해도 가슴이 터져 나오고
용서하려는 마음은 저주로 변하듯
오늘 따라 더 세차게 들리니
대는 온통 피투성이지만

미운 마음이 사랑으로 솟구치는
날들을 기다리며
원망은 안개 속으로 흩어버리고
사랑의 싹은 온몸으로 가시 풀로 자라

흙속에 그냥 마음으로 움터
향기도 없는 기억 속으로 사라질 것이
곱디고운 보랏빛 같은 꽃이구나
가슴으로 각인해 본다.

흐르는 세월

폭풍이 물들어오는 저녁나절
흐르는 그 속에 나그네 되어
한세월만 흘러만 가고

세월은 막을 수 없어
되돌아보고 또 되돌아보지만
산 둑에 떠오르는 달님도
눈시울 적시며 추억으로 달려간다.

들판에는 황금너울 흔들리고
논두렁위에는 천진한 아이들이 뛰어다니며
메뚜기 잡던 모습 정겹게 저려오고

추억을 보듬으며
산자락 끝에 하루가 매달려
시간을 잡는 붓끝이 싱그러운 삶 되어
우리 모두가 세월의 강처럼 되돌아가길 원한다.

풀잎사랑

어둠이 사라지는 새벽
찬 기운을 몰고 온 손님과 함께
눈을 비비면서 깨어난 내게
살며시 미소를 보낸다.

설레는 가슴속에 산바람 타고 내려와
마구 손을 흔들며
애틋한 임의 입술처럼

아름다운 사랑을 처음 느껴본 듯
내 가슴을 부여안고
그대 고운 손길로 어루만지며

휘청거리는 허리를 꼬옥 잡고
놓아줄 줄 모른다.

풀잎

소나무 아래 햇살을 그리워하다
갈증을 느끼면
하늘을 향해 기도한다.

어느 날 밤
빗소리를 이슬이라 생각하며
양팔을 벌려 받아주고

처마 끝 물방울소리에
대지는 온통 소용돌이에 휘감겨
짙푸른 여름밤이 익어갈 때쯤

서로를 안고
잠이
든다.

2부

찬이슬

새벽녘
길게 늘어 서있는 은행잎들이
이제는 떨어져가는 시간 앞에
노란 비단이불 깔아 놓은 듯 더욱 부드럽다.

말없이 하늘을 보니
가지마다 처량한 눈빛에
돋아날 새싹을 생각하며
견디며 나아가겠지

아물지 않는 상처를 보듬으며
인내를 가슴으로 느끼며
이슬이 내리지 않는 날에도
봄날의 새싹은 흥겨운 듯 피어난다.

억새풀

구비 진 산길을 가노라면
연약한 여인의 허리마냥
그 움직임이 예사롭지 않다.

바람이 불지 않아도
긴 머리 풀어 헤쳐
갈래갈래 쓰다듬으며

바람의 장난에도
허연 뿌리를 들어내며
흔들리지 않는 너는

슬픔이 밑바닥처럼
지나가는 흰 구름에 깔려
손짓하고 있다.

폐교

아무도 기다리지 않는 교정 뜰
잊을 때도 되었는데
언제든 생각이 되살아나
인연 끊지 못해 찾아 왔건만

햇살은 교정 창문가에 졸고
아른 아른 추억들은 한 고을을 안고
흩어졌다 모여드는 꼬마 학생모습 떠올라

풍금 리듬에 맞춰 오빠생각 부르던
지금 세월에 묻혀버린 사람들 떠오르지는 않지만
사뭇 그리움들이 몸서리쳐오니

추억은 꼬리를 물고 놓지 않으니
길게 늘어진 해거름을 밟으며
아름다운 기억들을 하나하나 엮어만 간다.

단풍

불그레한 얼굴이
너무나 아름다워 넌지시 손을 건네며
포근히 끌어안고 싶다.

산모퉁이에 바람이 불면
산골짜기 바위 틈사이로 파문이 일어

아늑한 꿈속에
바람이 흩어졌다 밀려와
사랑의 노래 부르며

저무는 노을 속에
붉은 얼굴을 조용히 매만져 본다.

새벽의 소리

다시 저녁이오니 쓸쓸한 노래 소리뿐
누군가 외로움에 지쳐있으면
나에게 따뜻한 손을 잡아주는 이가 있을까

세상에 길 잃은 사람들은
내 가슴 속으로 파고들어
온종일 바람소리에 귀기울리다
어둠속에 울고 있는 새들처럼
언제라도 함께 있어줄까

적막한 밤하늘에 뜬 달빛은
설움에 뒤척이는 엄동설한 긴 밤에도
누군가를 기다리며 지새우는 시간 속에서

새벽을 부르며
잊고 싶던 순간들도
다시 되살아나는 여명과 함께
희미하게 밝아오는 창문가에서 떨고 있을 뿐.

새벽 숲속

이슬내린 이른 아침
숲속을 걷다보면
비스름한 허공에 새들이 지저귀고
수평선 너머로 동이 튼다.

소나무 층층에 왕거미 곡예하며
전화선 연결하듯 엮은 올가미에 밤새 별빛 걸어
초록색 가시덩굴에 묻어버리고

세상살이가 고달프고 힘들어도
새벽길 걸으며 가슴주머니에 맑은 공기 가득 넣어
가난하고 병든 사람에게 마음껏 마실 수 있도록
한 아름씩 나눠주고 싶다.

애증

아무 의미 없는 시간들이
지나가는 울적한 날은
비에 흠뻑 젖고 싶다.

한기 돋아나도록 몸서리치며
마음속에 갇혀있는 울먹임을
맘껏 토해버리고 싶다.

메마른 밭두렁에
수초 한포기 겨워내는 것처럼
지나간 감정들을 몰아내고 싶다.

9월을 보내며

더위야 이제는 떠나가라
바람의 손길로 땅을 시원하게 만져주고
억새풀 긴 머리 풀며 흔들고 있을 때
기러기 떼 지평선 저 너머로 날아가니

아무도 없는 그 자리에는
구절초는 누구를 애타게 기다리고 있는가
올가을은 마음껏 소리쳐보리라

삶의 소리가 메아리 되어 되돌아 올 때
한아름의 선물을 안고
눈물을 보이지마라

개울물소리에 귀를 기우릴 때 제철모르는
참매미는 여름을 놓을 줄 모르고
세차게 울어대니 붉은 노을을 타고 달려온 산바람도
낮은 음률로 되살아난다.

오랜 과거에 흐느끼는 여인의 울음처럼
고독한 길손이 떠나가는 애처롭게 남기고 간다.

아름다움이 있는 곳에

산길을 걸어가다 보면
낙엽 지는 바람소리에
아름다운 음률이 흐르듯
산뜻한 가을풍경에 온산이 휘어지듯
떡갈잎들도 아름답게 보인다.

흔들리는 나뭇가지도
오직 나눌 수 있는 사랑만을 알고
바람이 불어와도 당신을 향하는 마음이기에

한줌 빛살과 더불어 행복을 안고
산이 주는 고마움을 느끼며
가만히 세월 앞에 내려놓으니
날개짓하는 산새는 바람을 가로지르며 난다.

자연의 아름다움에
꿈꾸며 살아가는 나의 발걸음은
채워도 비워지지 않는 허허로운 마음으로
아름다움을 만끽하며 살아가련다.

봄의 노래

산이 꿈틀거린다
산새소리도 바람타고
속삭이듯 들려온다.

봄바람이 전하는 아지랑이는
진달래꽃을 유혹하러 산에서 내려와
솔바람과 함께 꽃샘추위에 몸서리친다.

깊은 골짜기
냇물이 흘러
잔잔하게 움직이며
한낮 햇볕에 찡그리고

나무의 새순 돋는 모습 속에
꽃바람으로 피어나는 엄동설한 빈 뜰에서
살며시 꽃향기를 풀어 헤친다.

나의 위로

아는 척 하지 않아도
찬이슬에 젖어있어도
새잎은 돋아나고
구름이 가려도 별빛은 빛난다.

대화할 상대가 없는지
그 오랜 세월 속에 마른 잎 흩어지듯
혼자 그렇게 살다가 세월가면 그뿐이라
그대 굳이 나를 생각하지 않아도

어차피 인생은 나그네
그림자 같은 바람에 옷자락이 흔들리듯
노을 진 산자락에 홀로앉아
잠깐만이라도 대화를 청하고 싶다.

야간 산행

별들이 산위에서 반짝이고
세상에 보지 못한 것들이
수없이 펼쳐진다.

정상에 올라가면
숨어있던 잠이 일시에 털고나와
천지를 자맥질한다.

북두칠성은 깊은 밤에 지쳐있고
은하수는 밤새 씻기 운 채
얼굴위로 흘러내린다.

어둠에 숨은 나무들도
길목 길목에 버티어 서서
인간과의 만남을 자축하듯 춤춘다.

단비가 올 때

가뭄 끝에 먹구름이 대지를 감싸드니
새벽부터 나무들마다 생기가 넘쳐흐르고
땅위에도 생명이 되살아난다.

사랑의 비가 되어
꿈처럼 익어가는 대지에
푸른 둥지를 틀고

기다리고 조아리듯
애타는 가슴을
녹여주듯

메마른 가슴속에
인생의 젖줄 되어
풍요의 만찬을 맛보게 한다.

저녁

흐린 날
신작로 모퉁이에 앉아
먼 산을 바라보니
하얀 눈이 쌓여있다.

허전한 마음 달랠 길 없어
빈 나뭇가지에 걸린 달을
조용히 음미한다.

지저귀던 새들도 잠들어
나의 마음을 알지 못하니
무심한 겨울밤은 적막함만 더해간다.

매운탕

긴 가뭄으로 냇가는 물이 마르고
움이진 숲 지대에 갈 곳 없는 고기떼들은
웅덩이에 올챙이 떼 우글거리듯
올가미로 슬슬 몰면 재 풀에 놀라
속속들이 몰려들고

올라가며 내려오며
땀의 대가에 부피는 늘어나니
섣달 처마 끝에 달아놓은 시래기 한줄 때어다가
펑퍼짐한 솥에 부으니
묵은 된장과 그 향기 진동하고

거피적 넣어 푹 끓여
손맛과 자연의 멋이 피어나
며칠째 앓던 감기 몸살도
어느새 저만치 도망가니
예가 바로 무릉도원이구나.

강 언덕에

해 지는 저녁놀
노을빛에 피는 굴뚝연기
어머니 품같이 아늑하고 포근하다.

사는 게 언제나 힘들고 괴롭지만
그래도 내일의 꿈이 있어
날마다 즐거운 희망으로

신작로 따라
새로운 운명을 노래하며
당당히 걷고 싶은 마음으로

강 언덕을 향해
아늑한 꽃이 필 때까지
쉬지 않고 오를 것이다.

계절의 향기

기다렸다는 계절은
산봉우리에 피어올라
모진 추위에도 기지개를 켠다.

내가 서있는 자리에도
한숨을 몰아쉬며
땅을 뒤집듯

생사의 경계선에도
훈훈한 봄빛을 받아
방방곡곡에 전하며

아름다운 씨앗을 틔우며
향기에 젖은 촛불처럼
소리 없이 피어난다.

갈대밭

겨울 갈대밭에 앉아
하늘을 쳐다보니
서로의 외로움 잡고 노래를 부르고 싶다.

움직임이 예사롭지 않아
누구도 겪을 수 없는 그였기에
가냘픈 몸매로 밀어를 나누고 싶다.

오늘따라 강변을 거닐며
함박눈처럼 피어나는 내 가슴은
외로움에 몸서리치고

짓궂은 바람에도
멈춤 없이 흔드는 갈대 숲속에서
내 사랑 찾아 나도 춤추고 싶다.

봄 햇살

산비둘기 날아들고
뻐꾸기 소리 산야에 울리니
닫힌 창문을 활짝 열어 놓았다.

햇살이 선뜻 방으로 슬그머니 들어와
밭두렁에 눕듯
곤한 잠에 빠진다.

보금자리 찾아 헤매는
산마루에 걸린 그 님은
얼굴을 찌푸리며 돌아오지 않고

솔바람 불어오는
봄기운이 완연할 때쯤
그에게 팔베개 해주고 싶다.

살구꽃

아름다운 날들은 어제이건만
소슬바람 불어오는 산 능선에서
오는 봄을 그리고 뜬구름도 잠시 머뭇거리다
가는 세월 못 잊어 눈물 흐르네.

얼어버린 마음 어이 하려나
지나버린 살구꽃 내 사랑은
숨결마다 가슴 아파 눈물 흘리네.

서늘한 봄기운에 향기 잃은 바람도
살구꽃 잎 떨어져 내 가슴에 눈 내리고
아지랑이 아른 아른 성큼 봄을 토하면
꽃망울은 내 설움을 토해내네.

가을 숲을 거닐며

청명한 하늘가에
예정된 약속이라도 하듯
한 치의 오차도 없이 온산천이 푸르고

가나다란 코스모스 흔들림에 두근거리며
꽃물을 채색하는 단풍잎 익숙한 습관처럼
우연히 기다림 속에 갈대 흰머리 손짓하는
강가를 거닐고 싶다.

가을은 쓸쓸하면서도
알알이 영글어가는 오곡백과의 뒤흔드는 바람처럼
이 고운 계절에 충만하게 살아가니

드높이 솟아오르는 하늘이 힘을 솟구치며
붉은 빛을 발하는 이 가을의 가슴을 열고
한사람만을 영원히 사랑하면서
아름다운 꿈을 꾸며 살아가련다.

눈동자

청명한 하늘가에
흰 구름 흩어졌다 모일 때
문득 가슴이 뭉클해진 탓에
숨을 멎고 하늘을 쳐다본다.

수많은 별 중에
유난히 웃음 짓는 별 하나가
나와 함께
황금 노을 속으로 걸어가기 위해

모든 것을 안았지만
아직도 못 믿는 듯
불꽃만 허무하게 튀어
말없이 비추더니

바다로 흐르는 물길에
해일이 밀려 올 것처럼
일렁이는 마음 깊은 곳까지
샛별의 일생처럼 살고 싶다.

새벽의 소리

달빛 반쯤 제친 창문사이로 닭울음소리
상큼한 채취 속에서 언제나 평화로운 마음
하루의 내가 태울 일과에 즐거움이 솟구쳐 오른다.

어둠이 밝혀주는 비명소리는
전등불 밝혀짐이 아쉬워
새벽의 발자국은 다시

차장 불빛 속으로
몰려드는 닭 둥지에
꿈틀거리는 생동감이
아침을 부른다.

어둠을 깨뜨리는
가로등을 뒤로하고
계곡 속에 묻혀있는 풀내음을 안고
바삐 움직이는 동공 사이로 저문다.

바닷가 언덕위에

잔잔히 부서지는 파도는
반짝이는 햇살이 휘감겨 물보라를 일으킨다.

바위에 부딪치는 파도소리에
지울 수 없는 욕망들이
흩어져 부서지는 포말처럼

누군가 남기고간 발자국 따라
풀지 못한 미련들을 파편에 새기고

곱게 반짝이는 은빛 사랑에
내 젖은 마음을 눈부시게 적시어 볼 때

수없이 왔다 사라져버린
바닷가의 추억을 삼키면서

수평선 위 갈매기는
뱃고동소리에 뽀얀 안개처럼 사라질 때
외로운 마음 담아본다.

촛불

오직 한곳을 향해
끊임없이 타오르는 그리움들이
눈물 뒤의 화려한 물빛이 피어나고

언제나 같은 그림으로 채색되어지는
하루가 내 인생 한 폭의 그림인양
오직 그대만을 수놓으며

한번 연 가슴 쉽게 닫을 수 없어
찬란한 심지를 붉게 타들이다
희망의 꽃으로 되돌아온다.

꽃잎에 맺힌 이슬

지난 밤 이슬에
꽃잎이 아픔을 안고
방울방울 떨어집니다.

헐거운 영원을 바랄 수 없이
다가오는 두려움 앞에
두 손을 모아 기도합니다.

눈부심의 한 자락 속에
촉촉한 사랑의 흔적 따라
애절한 메아리 되어

사라지는 내일을 기약하며
내 가슴 가득 채워주는
숭고한 울림이 아름답습니다.

바람

비를 몰고 오는 바람 앞에
환호의 소리에
여름이 나뭇잎처럼 떨린다.

청춘은 누구나 환희를 안고
불시에 왔다 사라지니
지나간 자리마다 썰물처럼 허무하다.

부러진 가지 끝에 수액이 맺히고
부은 발등 위 나무는
고통의 시간을 부풀리며

독감처럼 찾아오는 인생사
더 이상 신명나는 세상이라도
고달픈 상처만 안고 갈 뿐이다.

그리움이 짙어오면

잊혀 지지 않는 시간의 문에
기대어 서서 가슴을 부여안고
울컥 사랑의 전율을 느껴본다.

어제와 똑같은 길 위에 서서
또박 또박 걸어가고 있지만
한 운명의 동반자를 위해

토해내는 숨결을 추스르며
꽃 피고 별이 총총한 밤하늘 아래에서
그대와 밤풍경에 취하고 싶다

바람 무너져오는 저녁에 마음 뜰 가득 담아
기다리는 고뇌 속으로
함께 세상을 열어가고 싶다.

새벽이 사라질 때

희미한 전등불의 아쉬움이 흔들리자
새벽 미명의 발자국들이 꿈틀대기 시작하니
어제 서 있는 자리에 낙엽 뒹구는 소리
오늘도 푸른 아침을 맞이한다.

어둠이 사라질 때
감나무는 기지개를 하고 골목마다 개 짖는 소리
마당에 벌목꾼일행 힘찬 숨소리들 바삐 움직이는
동궁사이로 진솔한 하루가 시작된다.

달빛은 아직도 중천에 걸려 있는데
상큼한 그의 따뜻한 손길
커피 향 내음이 가슴 가득 차올라

날마다 보름은 아니지만
언제나 가슴에 영원하길

환한 미소 짓는 아침에
맑은 공기 속에서
내일을 기약하며 달려간다.

숲속의 합창

산새들과 함께 놀다
머리에 흰 구름 얹히고
휘어지고 굽이치는 계곡물 소리에
한 뜸씩 허공을 짚어가니
푸른 하늘이 느긋하게 내려앉는다.

산바람 되돌아 올 때
매미소리 숲속의 장막을 깨우니
풀벌레소리도 덩달아 합창을 한다.

흔들리는 잎 새에
한그루 나무사이로 그저 바라다보니
바람은 능선을 타고

흔들리는 주름사이로
찬 서리 풍겨져 떨어진 땀방울을 안고
마냥 떠나버리고 싶다.

사랑의 약속

곤한 잠을 자고 있는 여린 그대 가슴속에
뜨거운 호흡을 느끼면서 한사람만을 사랑하며
섬세한 세포사이에 무한한 열정으로
마주하는 인연이 있다.

헤어짐이 없길 바라며
바라보는 눈동자 속으로 가느다란 침묵 속에
어루만지는 심장을
가슴에 넣어두고

아름다운 사랑을 품어 안고
촛불의 눈물이 가슴을 녹이듯
영원한 영혼 속에 빠져들고

그대 손가락 끝에
가지런히 맛 나는 아침밥상에
가슴을 촉촉하게 젖어주는
우리의 사랑을 안고 가련다.

장마

말짱한 하늘 흰 구름 몇 조각
그 속을 헤집고 다니다 갑작스런 빗방울 만나
후다닥 바지랑대 옷들이 젖고 말았다.

녹음이 짙은 풀잎 사이
산간에 부는 바람이 한걸음 달려오고

하얀 연기 빗속을 오르지 못하여
산허리 휘감은 안개 속으로
자꾸만 흔들거리며 산모퉁이를 맴돌고

내가 살고 있는 산골짜기 계곡물소리와 함께
유년의 뜨락을 넘나들며 하염없이 바라보다 너는
어느새 따뜻한 졸음에 못 이겨
가물가물 기억 속으로 달려만 간다.

아침이 밝아오면

불면의 밤을 지새운 별들이
동녘을 향해 애원의 빛을 반짝이며
새벽 강가로 아침이 밝아온다.

눈곱 떼고 설익은 눈동자들 거리를 나서면
이슬도 제 한 몸 가누기 힘겨운 듯
풀잎에 흔들거리며 햇살 맞을 준비한다.

한 겹 두 겹 껴입은 옷으로 소슬한 몸을 채우고
짙게 펼쳐진 안개 속 어둠을 밀치며
촉촉이 젖은 마음을 환하게 열어

걸어온 삶만큼
고운 흔적 남기고 싶은
미지의 하루를 오늘도 돛을 올린다.

벌목현장

이곳저곳
7년째 접어드는 일터에 산 계곡 굉음을 울리며
수없이 잘려 나간 나무들에게 죄스러움을 느낀다.

소나무 숲 밑에 잠시 쉬다
엔진 톱 소리는 다시 메아리 되어 되돌아 올 때
동료가 목이 날아갔다.

때론 올가미에 걸려 신음하는 고라니를
품어 안고 풀어주면
신바람 일으키며 산속으로 사라지고

쉬는 날에는 잡일을 하며
생업을 위해 준비하는 시간 속에
희망의 노래를 부르기도 하는 산업전선에서

최선을 다하는 부지런한 사람이라도
현장 감독 실눈알속에 잘못 보여 목이 달아나면
두서없이 가방을 챙겨 떠나는 모습도 본다.

가끔 잠자리를 스치로폼 위에서 영면하지만
불평불만 없이 그의 눈빛을 바라보며
오늘도 온몸을 다해 땀 흘리며 파김치가 된다.

세월의 소리

벌거벗은 떡갈나무
웃고 있는 모습 속에 잔잔히 흐르는
계곡 물소리도 고개를 낮춘다.

산자락 계곡 틈새에 사계절도 없는 듯
야생초는 얼굴을 붉히며 미소를 머금고

솔잎은 향기를 날리듯
능선너머로 혼자 붉은 노을을 태우다
달콤한 밤을 기다린다.

바람에 휩쓸려 간 꽃잎들도
억새풀 흔들림 속으로 사라져버려
소리 없이 흐르는 세월 속에

또 한 해가 저물어 가니
산을 넘는 해거름에
긴 그림자만을 낳는다

내 사랑 내 곁에

어둠이 깊으니
하늘에는 별빛이 흐르고
쉬이 잠 못 드는 시간

둥근 달처럼
함께하며 어루만지며
살아가련다.

단 하나의 내 사랑
오직 아름다운 시간 속에
나의 숨결 아름답게 토악질하며

당신의 채취 속에
시선이 마주친 눈동자는
그리운 내 사랑을 응시한다.

아침 햇살

김이 모락모락 피어오르는 시냇가
아침 햇살이 비쳐 올 때
마음을 활짝 열고
숲속으로 걸어서 간다.

내 곁에 들어온 산 그림자
끌어안고 바람이 되어
당신의 창문을 두드리며
소나무의 열린 가슴 담아
빛 좋은 님을 그려본다.

한줌 빛살 가슴에 안고
조용히 고행을 깨우치며
그의 눈빛 눈부신 꽃밭처럼
가만히 세월 앞에 내려놓으며

꿀벌이 날아드는 동산에서
날개를 활짝 펼치며
마음을 곱게 다져본다.

단풍

이산 저산
누가 눈부시도록 불을 지펴
온 산천에 불꽃이 타오르게 하나

실낱같은 연기도 없이
화려한 불꽃축제인양
순수하고 웅장한 모습으로

해마다 모든 것을 내어놓고
우리가 사는 동안 방화범 되어
불처럼 뜨거운 사랑이 되자구나.

사랑이 그리워서

짧은 만남
만개한 웃음 비출 때
햇살 향해 서 있는 너는
흔들리는 코스모스 순결과 같다.

멋진 사랑 주고 싶어
가만히 하늘 향해 너털웃음 지을 때
가지런한 흰 치아사이로부터
오렌지 향기가 품어 나온다.

너와 나의 만남
빛 바래주는 추상화가 아니라
청명한 빛으로 채색된 수채화이고
환한 햇살 비춘 거리를 돌아
속속 들이 희망의 꿈을 여는 사랑일 뿐.

꽃잎 편지

어디에서 왔는가
내 마음 풀시 되어 꽃잎 편지 쓰다보며
꽃잎의 떨림을 가만히 바라보며
사랑의 편지 씁니다.

호흡을 같이하는 희망의 그대에게
순간순간 출렁이는 파도처럼
한없이 높은 폭포수의 파편처럼
나를 흔들어 깨우며

세월의 햇살이 거듭
움직이는 심장에 내가 있듯
그리움의 눈이 타버린 해바라기 영상처럼
까만 씨앗을 고백하며

거리에 꽃잎을 널뜨리며
아늑한 보금자리에 뿌리며
앙증맞게 내리는 이슬비처럼
더 촉촉한 사랑을 하고 싶습니다.

사랑의 약속

비 오는 날 우산이 되어
비바람 속에서도 흔들림 없이
지켜주는 그대가 있기에
함께 울고 웃는 감정을 나누어 가길 원합니다.

바람 불면 감싸줄 줄 알고
추우면 외투를 벗어주면서 두 손을 꼭 잡고
휘몰아치는 바람에도 포근히 안아줄 수 있는
든든한 가슴이 필요한 것을 알았습니다.

엄청난 시선과 달려온 우리 사이에 먼 길이지만
힘들지 않고도 걸을 수 있듯이
그대 방황이 이제는 끝나기를 바라며
고귀한 인연을 지치게 하고 싶지 않습니다.

마음의 창고를 열고
맞는 옷을 입혀주고
작은 밀알이 큰 꽃이 되듯
다듬어 가는 사랑이고 싶습니다.

달빛이 흐르면

창가에 부딪치는 하얀 달빛
바람 물결불면 물결 따라
함께 흔들거리다.

침실로 걸어오면
아름다운 눈빛에
내 생을 바치고 싶다.

나만의 오선지 위에
진하게 묻어두고 싶은
마음을 고이 추스르며

세월의 먼 기억을 끌고 와
지상에 뿌려놓으며
달빛 같은 가슴을 열어

그리움이 채색되는 이 밤에도
흐르는 음악처럼
감미로운 삶을 누리고 싶다.

숲속의 바람소리

참나무 나뭇가지 사이에
햇빛이 부서져 내리면
보석처럼 반짝이는
이파리들이 춤을 춘다.

그 밑에 가만히 누워
세월을 간지럽히는 소리에
온몸을 뒤척이며
지나가는 구름을 유혹한다.

산들바람에 흔들리며
어디론가 사라져 버릴 때
숲 속 깊은 곳 단풍들도
꽃물 달고 달려 나온다.

하늘과 맞닿아도 흔들림 없어
푸른 살이 찌는 소리에
내 마음도 후끈 후끈
숲 속을 방황하고 있다.

안개 속으로

자욱한 안개 산허리 휘감아
앞이 보이지 않는 숲속마다
적막이 깨어나지 않고 있다.

성큼 성큼 다가온 햇살
다시 들어난 산야는
재잘 거리는 산새소리 들려온다.

뿌연 산자락
어둠이 가시기전
층층이 매달린 이파리들도
제힘이 다되었는지
어느덧 땅위에 뒹굴고

촉촉히 젖은 낙엽사이로
헤집고 다니는 벌목꾼들
이산 저산 옮겨가는
톱 소리 메아리 되어
벌써 해님은 중천을 넘본다.

세월의 소리

벌거벗은 떡갈나무
웃고 있는 모습 속에
잔잔히 흐르는 계곡
물소리는 고개를 낮춘다.

아직도 산자락 계곡 양지
틈새에 사계절도 없는 듯이
야생초는 얼굴을 붉히며
미소를 머금고 있다.

솔잎은 향기를 품듯
능선 너머로
혼자 붉은 노을을 태우다
달콤한 밤을 기다린다.

바람이 흩날리듯
휩쓸려간 꽃잎들도
억새풀 흔들림 속으로
사라져

소리 없이 흐르는 세월 속에
또 한해가 저물어가니
산을 넘는 해거름도
긴 그림자를 낳는다.

눈빛 속으로

허공 속으로 때지어 몰려오다
싸락눈이 되어 잔털 나뭇가지에
소복소복 쌓여만 간다.

소리 나지 않고 보이지도 않는
하얀 성애가 되어
눈발 속으로 정신없이 노루가 뛰어간다.

빈가지에 도르르 구르다가
하얀 가지 끝에 매달려
영롱한 이슬처럼 솜털에 묻혀 잠들고 있다.

잠시 머물지 않고
바쁘게 달려가는 세월 속에
흔들거리다가 하늘 속으로
흰 눈이 내리는 오후 한나절에
즐거움이 베여온다.

삶의 현장

새벽을 뚫고
닭울음소리
개 짖는 소리 들려오면
어둠 깔린 산 능선으로 걸어간다.

바람이 아침을 밀어내는 나뭇가지에
도르르 구르는 눈송이
고단한 하루가 흥건히 젖어올 때
점심때가 다가오고

산마루 굽이진 잔허리에
솔가지마다 텅 빈 가슴속으로
세월은 홀로 가듯이
빈 하늘을 바라보며 하루를 갈무리 한다.

봄기운 속에

땅의 용틀임
촉촉한 땅위에 향기 씨앗을 뿌려
잠자듯이 움직이는 마음에는
봄이 다가오고 있음에

개구리 울음소리 들릴 때 쯤
겨우내 닫힌 창문 열리듯
얼어붙은 대지에 봄을 알리려
버드나무 끝자락에
푸름이 깃들고 있다.

웅크렸던 닫힌 문을 열고
다가오는 봄바람에
살며시 입맞춤하는 냉이들도
땅속 깊이 뿌리내려
땅 위로 솟구치고 있음에

봄은 가슴에 와 닿아
시샘하는 꽃샘추위도 뒤로한 체
가만히 있어도 알알이 취해보는
햇살 드리워진 밭둑에
냉이와 나란히 앉아 봄바람을 맡는다.

□ 시평

자연 친화의 생명적인 노래
- 박성대 시인의 『외로운 뻐꾹새』-

홍 문 표
(시인 · 평론가 · 전 오산대총장)

박성대 시인의 시집 『외로운 뻐꾹새』 상재를 축하한다.

시란 본질적으로 무엇인가. 왜 우리는 시를 쓰는가. 삶의 최고 가치를 물질이나 기술이나 지식이라고 생각하는 현실에서 시는 무슨 의미가 있는가. 개미와 베짱이 동화가 있다. 열심히 일하는 개미를 본받으라는 이야기다. 이는 노래나 부르는 베짱이는 되지 말라는 역설이기도 하다. 개미와 베짱이가 말하는 현실적 의미는 무엇인가. 개미가 물질과 기술을 말하는 것이라면 베짱이는 시인이나 예술가를 말하는 것이리라. 그만큼 현실은 일상에 필요한 실용적인 것들에 집착하기 마련이다. 그러나 정말 인생에게 있어서 가치란 무엇이고 보람이란 무엇인가. 그것은 계량적인 물질이나 기술만이 아니라 정신적이고 정서적인 풍요와 충만함이다.

최근 뇌과학에서 우뇌에 대한 관심이 크다. 그러나

그동안의 현실은 좌뇌 중심이었다. 좌뇌는 물질과 기술과 지식을 지배하는 영역이다. 신은 좌뇌와 우뇌를 공평하게 주시었다. 그런데 인간은 좌뇌의 기능만을 선호했다. 온전한 삶, 이상적인 삶은 좌뇌와 우뇌가 공평하게 기능을 다는 것인데도 좌뇌에 치중했다는 것은 사실상 반쪽 인생, 불균형의 삶을 살아왔다는 말이기도 하다.

좌뇌 중심의 삶, 물질과 기술과 지식 중심인 문명의 삶으로 인간이 더욱 풍요롭고 충만할 수만 있다면 우뇌를 무시해도 문제는 없다. 그러나 좌뇌의 삶은 계산하고 판단하고 욕망하는 영역이어서 마침내 세상은 서열화되고, 개인화 되고 파편화 되어 결국은 분열과 소외와 고독이라는 죽음에 이르는 병에 걸리고 말게 된다.

그러나 우뇌는 감성적이고 상상적이고 창조적이어서 세상을 분열기키고, 고립시키는 것이 아니라 오히려 통합하고 화해하여 아름답고 풍요로운 세상을 만든다. 시의 본질과 시의 존재이유와 시를 써야 하는 이유는 바로 이러한 삶의 불균형을 극복하려는 통합적 노력에서 시작한다. 왜냐하면 시야말로 주체와 타자, 문명과 자연, 너와 나의 분열된 현실을 통합하고, 좌뇌와 우뇌, 현실과 자연이 하나 되어 풍요롭고 충만한 세상을 만들어 주기 때문이다.

이번 박성대 시인의 『외로운 뻐꾹새』의 가장 큰 주제도 결국은 문명에서 자연이라는 자연친화적 통합적 상상력에 있다. 그는 시집 서문에서 "자연을 벗하여 허기를 채울 수 있는 시를 쓰겠습니다"라는 말을 했다. 그의 다짐대로 이번 시집의 소재들을 보면 고향, 시골, 농촌, 산과 들과 숲이 그 중심을 이룬다.

흰 구름 흘러가는 하늘
한없이 파란 물빛으로
높아만 가고

풍요롭게 펼쳐지는
메밀꽃 사이로
잠자리 떼 노닐고
저녁놀은 하루를 삼킨다.

코스모스 흐드러지게
웃는 모습에 벼 이삭도
햇살에 영글고
풍성한 결실의 바람은
산으로 강으로 바다로 휘돌아 간다.

푸른 잎사귀들도
계절 앞에 붉은 옷으로
갈아입고 멀리서 들려오는
아스라한 추억들도

홀로 걷는 내 고향 강변
새로이 태어난 메밀꽃 공원에
가을이 무르익어 간다.
—「내 고향 강변」

산새들과 함께 놀다
머리에 흰 구름 얹히고
휘어지고 굽이치는 계곡물 소리에
한 뜸씩 허공을 짚어가니
푸른 하늘이 느긋하게 내려앉는다.

산바람 되돌아 올 때
매미소리 숲속의 장막을 깨우니
풀벌레소리도 덩달아 합창을 한다.

흔들리는 잎 새에
한그루 나무사이로 그저 바라다보니
바람은 능선을 타고

흔들리는 주름사이로
찬 서리 풍겨져 떨어진 땀방울을 안고
마냥 떠나버리고 싶다.
–「숲속의 합창」

풀냄새 물씬 나는 곳
외로움에 서성이다
끝없는 숲속으로 빨려든다.

모든 과거가
그 자리에 머무는
어린 시절의 그 곳

잠자는
나무들은 기지개 펴고
나란히 서서
바람결에 춤을 추기도 한다.

그곳에 오면
고달프고 힘들었던
일들이 안개 되어
아픈 상처를 감싸준다

마치 어머니의 품속처럼.
—「어머니의 품속」

「내고향 강변」을 보면 시인의 자연환경이 어떠한 곳인지가 눈에 선하다. 위로는 흰구름 흘러가는 하늘이 있다. 그 하늘은 매연으로 뒤덮힌 도시의 하늘이 아니다. 파란 물빛으로 더욱 투명한 하늘이다. 문명으로 오염되지 않은 순수 자연의 하늘이다. 땅은 어떠한가. 풍요로운 메밀꽃 밭이 있고, 코스모스 꽃길이 있고, 들에는 벼들이 익어간다. 그 위로 잠자리 떼 한가로이 춤을 춘다. 거기다가 산으로 바다로 바람이 살랑이고, 햇살도 눈부시다. 이처럼 시적 화자의 고향은 푸른 하늘과 흰구름, 잠자리, 코스못, 산과 강, 햇살, 바람이 있고 벼들이 익어가는 풍요롭고 평화로운 농촌 공간이다.

「숲속의 합창」도 그렇다. 위로은 푸른 하늘이 있고, 흰 구름이 있다. 계곡엔 물소리가 있고, 새들이 지저귄다. 매미소리, 풀벌레 소리가 산바람을 타고 숲으로 산으로 잎새들 사이로 흐르며 메아리친다. 바로 숲속의 합창이다. 따라서 「숲속의 합창」도 철저히 문명과는 거리가 있는 순수자연의 아름다운 세계다.

이러한 자연환경 속에 있는 시적화자는 고향을 「어머니의 품속」이라고 했다. 사실 시골은 어느 곳이나 푸른 하늘이 있고, 흰구름이 있고, 산과 계곡이 있다. 문제는 그러한 자연에 대하여 어떤 인식을 하는가가 중요한 문제다. 아무리 주위에 순수한 자연들이 있어도 그 소중함이나 그 가치를 모른다면 시인과 자연 사이에는 아무런 교감이 없는 것이다. 그런데 박시인은 자기 주변에 있는 자연을 어머니 품속이라고 하였다. 어머니의 품속이라면 인간이 동경하고, 인간이 회상하는 가장 평화롭고, 아늑하고, 행복한 공간이다. 바로 에덴동산과 같은 세계다. 시적 화자는 풀냄새 물씬 나는 곳, 외로울 때면 그 숲으로 빨려든다고 했다. 거기엔 과거가 있고, 어린 시절이 있는 바로 삶이 시작된 요람이기 때문이다. 그곳에 오면 고달프고 힘들었던 일들이 안개처럼 사라지고, 아픈 상처를 감싸준다는 것이다. 마치 어머니의 품속처럼, 이처럼 시적 화자에게 있어서 순수자연이 있는 고향은 단지 육신이 태어난 곳이 아니라 고달프고 외로운 삶까지도 감싸주고 치유해주고 다시 생기를 주는 어머니 품속처럼 행복한 생명의 고향 정신의 안식처인 것이다.

물론 자연은 시인만 좋아하는 것이 아니다. 농촌사람들도 좋아하지만 도시사람들도 좋아한다. 자연을 좋아하는 것은 인간의 원초적 본능이다. 왜냐하면 인간은 자연에서부터 비롯되었기 때문이다. 성경에서는 인간을 흙으로 만들었다고 했다. 자연의 존재라는 것이다. 결국 자연에서 태어나 자연으로 가는 존재다. 그래서 본능적으로 인간은 자연을 동경하고 자연으로 회귀하고자 하는 본능이 있다. 그런데 잠재적 본능은 그렇지만 현실적으로는 모두가 자연에서 벗어나고 있다. 인간의 역사는 한 편으로는 자연을 동경하면서도 한편으로는 자연을 벗어나 문명이라는 인위적인 세계를 향하여 끝없이 전진하고 있다. 그리하여 인간은 자연과 반자연, 즉 자연과 문명이라는 양극의 길에서 괴리된 삶의 갈등을 겪게 된다.

그렇다면 시인의 역할은 무엇인가. 그것은 자연과 괴리된 인간의 갈등과 외로움을 극복할 수 있는 일에 주목하는 것이다. 바로 자연으로의 귀환, 실낙원에서 복락원의 길을 찾는 것이다. 그것이 인간 회복이고 시적 구원이다.

그런데 자연으로의 귀환, 자연성의 회복, 이를 시적으로 어찌 할 수 있는 것인가. 여기에 시인의 자연에 대한 새로운 인식, 확고한 자연친화적인 철학이 요구되는 것이지만 그 보다 중요한 것이 자연과 인간의 거리감을 어느 정도 확보하고 있는가 하는 시인의 자연에 대한 시적 형상, 시적 상상력이 어느 정도인가 하는 것이다. 자연에 대한 노래는 과거로부터 현대까지 시인이라면 누구나 하고 있는 것이다. 문제는 그 자연을 얼마나 절실한 관계로 표현하고 있는가, 여기에 시인의 상상력과 시인의 예술적 감각이 드러나게 된다. 그렇다면 박 시인의 자연에 대한 예술적 상상력은 어디까지인가. 다음 몇 편의 시를 보자.

햇살이 창가에 졸고
낙엽 떨어지는 소리에
놀란 소슬 바람도
추억으로 헤맨다.

욕망과 허상이 떠오르면
허수아비를 뒤집어 쓴 것처럼 마음만
끝나버린 인연을 부여안고
바람결에 흩날리는 낙엽처럼
쓸쓸히 가을이 익어간다.

화려하게 수놓은 단풍잎들도 흩날리다
땅거미가 느릿느릿 하루해를 뒤덮을 때면
그날을 위해
오늘 하루도 즐거운 미소를 띠운다.
-「가을 저녁」

감나무 끝에 달빛이 걸려
기와지붕에 스며드니
슬금슬금 문틈으로 들어온다.

새벽녘
중천에 떠올라
서러워 울먹일 때

가슴으로 파고드는

그 흔적 따라
저 멀리 길 떠난다.
–「보름달」

소나무 아래 햇살을 그리워하다
갈증을 느끼면
하늘을 향해 기도한다.

어느 날 밤
빗소리를 이슬이라 생각하며
양팔을 벌려 받아주고

처마 끝 물방울소리에
대지는 온통 소용돌이에 휘감겨
짙푸른 여름밤이 익어갈 때쯤

서로를 안고
잠이
든다.
–「풀잎」

「가을저녁」을 보면 우선 "햇살이 창가에서 졸고"라고 했다. 햇살이 졸고라는 말은 햇살을 생명화, 의인화했을 때 가능하다. 졸다의 주체는 동물이나, 인간일 경우에만 가능하다. 그런데 "바람도 추억으로 헤맨다" 했다. 여기서도 바람을 의인화한 경우다. 마지막 연에서도 단풍잎들도 미소를 띠운다 했다. 여기서도 단풍잎의 의인화를 볼 수 있다.

「보름달」에서는 달빛이 감나무에 걸렸다는 감각적 표현으로 시작하고 있지만 결국은 슬금슬금 문틈으로 들어오는 생명체가 된다. 또한 달빛은 새벽녘엔 서러워 울먹이고 가슴으로 파고드는 흔적 따라 길을 떠난다 했다. 이처럼 「보름달」에 대한 시인의 시적 상상력은 슬그머니 왔다 슬그머니 가는 나그네의 이미지로 완결된다.

「풀잎」에서도 풀잎은 감정을 가진 생명체가 분명하다. 햇살을 그리워하다 갈증을 느끼면 기도한다는 것이다. 빗소리를 들으면 양팔 벌려 받아주고 물방울 소리에 서로를 안고 잠이 든다 했다. 그렇다면 풀잎은 아무런 감정이 없는 단지 자연물의 하나가 아니다. 햇빛을 갈망하고, 하늘을 향해 기도할 줄도 알고, 비가 오면 양팔을 벌려 환영할 줄도 알고, 물방울 소리를 자장가로 알고 잠이 드는 인간과 다름없는 존재다.

이처럼 박시인의 자연들은 생명이 없고, 감정이 없고, 언어가 없는 무정물이 아니라, 그들도 인간과 같이 생각이 있고, 언어가 있다. 자연의 인간화, 그리하여 자연과 인간이 통합하는 세계를 이룬다. 하나님도 외로워서 인간으로 변신하는 데 기독교에서는 이를 육화(incarnation)라 한다. 인간화는 바로 신과 괴리된 인간과의 화해라는 기독교적 구원의 대사건이다. 그렇다면 자연의 인간화는 바로 자연과 괴리된 인간과의 화해다. 모든 비극은 분열에 있다. 너와 내가 분열될 때, 외로움이 있고, 소외가 있고, 고독이 있고, 그래서 절망이 있다. 신과 인간이 분리되면서 죽음이 있게 되었고, 자연과 인간이 분리되면서 갈등과 절망이 있게 되었다. 따라서 종교는 신과 인간의 화해를 시도하는 것이고, 시는 자연과 인간의 화해를 시도한다.

그런데 화해를 이룩하려면 어느 한쪽이 기존의 위치를 포기해야 한다. 하나님이 저 높은 하늘에만 계신다면 인간과 화해가 불가능하다. 하나님이 그의 존재성을 포기하고 인간이 되었을 때 비로서 인간과 화해가 가능했던 것처럼 자연도 저 멀리 있는 과학적 자연, 이성적 자연으로 있는 한 인간과 화해는 불가능한 것이다. 자연이 인간으로의 전환, 이를 시학에서는 메타포(metaphore)라 한다. 메타로란 뛰어 넘어 옮기는 것이다. 자연의 속성을 뛰어 넘어 인간으로 옮겨지는 상상력의 작업을 거쳤을 때, 자연과 인간의 화해가 가능하며 그러한 화해 속에서 자연은 어머니의 품 속이 되고 친구가 되고 에덴이 되는 것이다.

이처럼 박성대 시인의 이번 시집 『외로운 뻐꾹새』는 제목만으로는 삶의 외로운 실존성을 보이지만 그래도 어머님 품속과 같은 고향과 자연의 원초적인 순수함 속에서 인간과 자연이 하나 되는 에덴을 회복하고 거기서 생명력 있고 희망 있는 건강한 삶을 노래하겠다는 자연 친화의 적극적인 시 정신을 보여주고 있다는 데서 큰 의미를 갖게 된다.

박성대 시집

외로운 뻐꾹새

2013년 8월 30일 인쇄
2013년 8월 30일 발행

지은이 박 성 대
펴낸이 신 용 호
펴낸곳 창조문학사

서울 서대문구 홍은동 397-26 동천아카데미 5층
등록번호: 제1-263호
전화: 374-9011, Fax 374-5217
공급처: 한국출판협동조합
전화: 716-5616-9

값 10,000원
ISBN 978-89-7734-348-1